GLÜCKLICH SEIN

1. Auflage 2014

Autor: Nicolas Alschibaja
Lektorat: Ina Kleinod
Satz: Martin Michael Mayer
Coverhintergrund: Valentin van Almsick
Coversatz / Gestaltung: Sophia Lierl
Portraitfoto: David Köhler

Verlag: NGA-Verlag, Freiburg
ISBN: 978-3-9816516-1-4
Printed in Germany

Bibliografische Information der Deutschen Nationalbibliothek:
Die Deutsche Nationalbibliothek verzeichnet diese Publikation in der Deutschen Nationalbibliografie; detaillierte bibliografische Daten sind im Internet über http://dnb.d-nb.de abrufbar.

NICOLAS ALSCHIBAJA

glücklich SEIN

DURCH AKTIVEN UMGANG MIT UNANGENEHMEN GEFÜHLEN

NGA

Menschen gewidmet,
die bereit sind,
durch aktiven Umgang mit
ihren unangenehmen
Gefühlen das Glück in sich
zu finden.

DANKSAGUNG

Ich danke von Herzen meinem Freund Ulrich Mertens, der mir durch seine Unterstützung den Impuls und den Freiraum gegeben hat, mich dem Thema „Glücklichsein durch aktiven Umgang mit unangenehmen Gefühlen“ uneingeschränkt zu widmen, die vorgestellte Technik sowie die Übungen zu entwickeln und dieses Buch zu schreiben! Ohne ihn wäre es möglicherweise nicht in Erscheinung getreten.

Liebe Anne, lieber Volker, unter Eurem Dach hat das Buchmanuskript inhaltliche Form angenommen. Tausend Dank für Eure einzigartige Gastfreundschaft. Die immer wiederkehrenden Aufenthalte in Eurem Haus auf dem Land haben mich die letzten 25 Jahre stark geprägt.

Herzlichen Dank an Ina Kleinod für das wertvolle Lektorat sowie an Martina Klose, Tom Denter und Yvonne Albe für Korrekturen und Anregungen.

Ich danke Martin Michael Mayer für die Schriftsetzung, sowie Ramon Muggli und Tessa Alschibaja für ihre wertvolle beratende Unterstützung.

Einen besonderen Dank an Valentin van Almsick für die Bereitstellung seines Mandala-Bildes als Coverhintergrund, an Sophia Lierl für die Covergestaltung sowie an David Köhler für das erstklassige Portraitfoto.

Meinen immer währenden Dank an meine Eltern, die mich seit jeher unterstützt haben, meinen Weg zu gehen.

EINFÜHRUNG

Dieses Buch entstand nach einer 19-jährigen spirituellen Suche, zahlreichen Aufenthalten in Indien, dem Leben in Ashrams und Klöstern und einem 13-jährigen Schülersein unter meinem mittlerweile verstorbenen indischen Lehrer Ramesh S. Balsekar.

Heute halte ich es wert dieses Buch herauszugeben, da ich glaube, dass es für das tägliche Leben in unserem westlichen Kulturkreis von Bedeutung ist.

Dieses Buch handelt vom einfachen Glücklichsein und seinem Verhältnis zu unangenehmen Gefühlen. Es zeigt einen Weg auf, wie wir aktiv mit unseren unangenehmen Gefühlen so umgehen können, dass diese sich auflösen und wir ungetrübt das Hier und Jetzt wahrnehmen können.

Ich habe mich bemüht, den Inhalt des Buches so kompakt und prägnant wie möglich zu halten. Sie brauchen nichts von dem, was Sie hier lesen, zu glauben. Es reicht aus, wenn Sie es anhand Ihrer eigenen Erfahrung prüfen.

Nicolas Alschibaja,
Dezember 2013

Anmerkung: Es geht bei diesem Buch nicht um Erleuchtung, sondern um das einfache Glücklichsein, welches zutage tritt, wenn wir auf aktive Weise mit unseren unangenehmen Gefühlen umgehen. Das Buch bezieht sich auf unseren psychisch gesunden Zustand. Die Technik der Selbstbefragung sowie die Übungen sind ausschließlich selbstverantwortlich durchzuführen. Weder der Autor noch der Verlag haften für aus ihnen resultierende Folgen.

— Teil 1 —

GLÜCKLICHSEIN: UNSER NATÜRLICHER ZUSTAND

Bei Babys und kleinen Kindern lässt sich beobachten, dass diese schreien, wenn sie Hunger haben, ihnen zu kalt oder zu warm ist, sie Angst haben oder unter sonstigen Unannehmlichkeiten leiden. Doch sobald ihnen nichts fehlt, können sie glücklich in die Welt hineinblicken und sich ihrer Existenz erfreuen.

Dieses Buch vertritt die Auffassung, dass es sich in Bezug auf uns Erwachsene nicht anders verhält: Solange wir es mit Unannehmlichkeiten zu tun haben, leiden wir, doch sobald diese verschwinden, fühlen wir uns frei und unbeschwert. Diese Freiheit und Unbeschwertheit ist es, welche im Rahmen dieses Buches als *Glücklichsein* bezeichnet wird.

Um es in einem Satz auszudrücken: *Glücklichsein ist das, was zum Vorschein kommt, sobald unser Bewusstsein nicht durch Formen des Leidens eingetrübt ist.*

Man kann es auch in einer Formel zum Ausdruck bringen:

Sein + Leiden = Leiden
Sein (ohne Leiden) = Glücklichsein

Ungetrübtes Sein bedeutet glücklich zu sein :-)

So wie die Sonne immer scheint, auch wenn sie durch Wolken verdeckt wird, so ist unser *Glücklichsein* (als Potenzial) immer vorhanden, auch wenn wir es zeitweise aufgrund der gegenwärtigen Unannehmlichkeiten nicht wahrnehmen. Bei schlechtem Wetter muss die Sonne nicht angeheizt werden: Es reicht aus, dass sich die Wolken verziehen, sodass ihre Strahlen uns ungehindert erreichen können. In unserem täglichen Leben muss das Glück nicht „hergestellt" werden: Es reicht aus, dass sich die Nebelbänke des Leidens verziehen, sodass die glückliche Natur unseres Seins ungetrübt zum Vorschein kommt.

Manche Menschen meinen, dass wenn ihr wahres Sein zum Vorschein käme, sich nur Frust, Kummer und Sorgen zeigen würden. Dem ist zu entgegnen, dass es diese Leiden in Form von Frust, Kummer und Sorgen sind, welche die reine Natur unseres Seins überlagern und uns in unserer Stimmung eintrüben.

Andere Menschen versuchen glücklich zu sein, indem sie den Vergnügen dieser Welt hinterherlaufen. Solange dies praktiziert wird, um sich von den eigenen Leiden abzulenken, gilt es darauf aufmerksam zu machen, dass jeder Genuss und jedes Vergnügen von vorübergehender Natur ist.

Wollen wir, unabhängig von vorübergehenden Genüssen und Vergnügen – sozusagen von innen heraus – glücklich sein, bleibt uns nichts anderes übrig, als uns von unseren gegenwärtigen Leiden zu befreien, um im *Hier* und *Jetzt* die bereits glückliche Natur unseres Seins zu genießen.

DAS WESEN VON LEIDEN

Unsere Leiden finden immer im *Hier* und *Jetzt* statt. Man braucht nur seine Aufmerksamkeit auf sich selbst zu richten, um sich ihrer bewusst zu werden: Da, wo unsere Aufmerksamkeit auf unangenehme Art gebunden wird, sitzen unsere Leiden. Diese Leiden sind es, die uns daran hindern den gegenwärtigen Moment ungetrübt wahrzunehmen.

> *Anmerkung:* Auch wenn wir unter etwas leiden, das in der Vergangenheit geschehen ist, findet dieses Leiden im gegenwärtigen Moment statt.

Prinzipiell lassen sich zwei Arten des Leidens unterscheiden: Die *körperlichen Leiden* und die *psychischen Leiden.* Hunger, Kälte oder Schmerzen, die durch körperliche Verletzung entstanden ist, lassen sich den *körperlichen Leiden* zuordnen. Sorgen, Trauer, schlechtes Gewissen oder Ähnliches lassen sich als *psychische Leiden* bezeichnen (man könnte auch von seelischem Leiden sprechen, doch der Einfachheit halber wird hier zusammenfassend der Begriff *psychisches Leiden* verwendet).

Sowohl die *körperlichen* als auch die *psychischen Leiden* werden gefühlt. Wenn wir unsere Leiden nicht fühlen würden, würden wir sie schlichtweg nicht wahrnehmen. *Körperliche Leiden* erscheinen in Form von körperlichem Unwohlsein oder Schmerzen. *Psychische Leiden* erscheinen in Form von *unangenehmen Gefühlen:* Dies trifft auf die Sorge, die Trauer, das schlechte Gewissen sowie auf alle anderen Formen des *psychischen Leidens* zu.

Man könnte meinen, dass unsere *psychischen Leiden* eher mit unseren Gedanken als mit unseren Gefühlen in Zusammenhang stehen. Diese Ansicht ist naheliegend, da wir die Erfahrung machen, dass Gedanken in hohem Maße unangenehm sein können. So wird man bei dem Gedanken an etwas, das für einen mit einem schlechten Gewissen verbunden ist, sofort mit der Unannehmlichkeit des schlechten Gewissens konfrontiert. Doch können wir bei näherem Hinsehen feststellen, dass man nicht unter dem Gedanken an sich leidet, sondern unter dem Gefühl, welches durch den Gedanken ausgelöst wird. Gedanken können gar nicht unangenehm sein, da sie für sich genommen vollkommen nüchtern sind. Ein Gedanke ist wie eine Zeichnung, die bei dem Betrachter eine Assoziation auslöst. Obwohl sich die Assoziation auf die Zeichnung bezieht, sind Zeichnung und Assoziation zwei unterschiedliche Dinge. So sind auch Gedanken und Gefühle zwei unterschiedliche Dinge, auch wenn sich Gefühle auf Gedanken beziehen und mit ihnen gemeinsam in Erscheinung treten.

> *Prüfen Sie das für sich nach:* Spüren Sie in sich hinein. Werden Sie sich der Tatsache bewusst, dass Gedanken für sich genommen nüchtern sind. Nicht der Gedanke an sich ist angenehm oder unangenehm, sondern das Gefühl, welches den Gedanken begleitet.

In diesem Sinne erscheint unser *psychisches Leiden* in Form von *unangenehmen Gefühlen* (auch wenn diese mit Gedanken in Zusammenhang stehen).
Neben den *körperlichen Leiden* sind es die *unangenehmen Gefühle,* welche uns in unserer Stimmung eintrüben und uns daran hindern, im gegenwärtigen Moment glücklich zu sein. Wollen wir im *Hier* und *Jetzt* die bereits glückliche

Natur unseres Seins genießen, gilt es dafür zu sorgen, dass wir sowohl frei von *körperlichen Leiden* als auch frei von *unangenehmen Gefühlen* sind.

Wie wir mit unseren körperlichen Alltagsleiden umzugehen haben, wissen wir zumeist intuitiv: Wenn wir durstig sind, schauen wir uns nach etwas Trinkbaren um, wenn uns kalt ist, machen wir die Jacke zu…
Wie wir hingegen mit unseren *unangenehmen Gefühlen* umgehen können, ist nicht so klar und eindeutig.
Deshalb wollen wir einen Weg finden, wie wir mit unseren *unangenehmen Gefühlen* so umgehen können, dass diese sich auflösen und wir ungetrübt den gegenwärtigen Moment wahrnehmen können.

Doch bevor wir uns dieses Weges bewusst werden, gilt es zu verstehen, dass *unangenehme Gefühle* in unterschiedlichen Formen erscheinen.

FORMEN UNANGENEHMER GEFÜHLE

Um unangenehme Gefühle in ihren verschiedenen Formen zu verstehen, ist folgende Unterscheidung wesentlich: Die Unterscheidung zwischen kurzlebigen *situativen Gefühlen* und längerlebigen *latenten Gefühlen.*

SITUATIVE GEFÜHLE

Als Menschen sind wir nicht nur wahrnehmende und denkende, sondern auch fühlende Wesen. Allein während einer Unterhaltung können wir verschiedene Gefühlsschattierungen wie Freude, Unsicherheit, Langeweile, Ungeduld oder Ähnliches wahrnehmen. Aber nicht nur Unterhaltungen, unser Erleben im Allgemeinen wird von einer Resonanz im Fühlen begleitet (hierin unterscheiden wir uns von Robotern, die einfach nur sensorisieren ohne zu fühlen).

Diese Gefühle, die als Resonanz zu unserem jeweiligen Erleben entstehen und vergehen, werden im Rahmen des Buches *situative Gefühle* genannt. Da sich unser Erleben von Moment zu Moment verändert, verändert sich damit auch das *situative Gefühl.* In diesem Sinne ist das *situative Gefühl* von flüchtiger Natur.

Wir können unsere Aufmerksamkeit einem Freund zuwenden, der gerade einen Witz erzählt und uns je nach Qualität des Witzes amüsieren. Im nächsten Moment, in dem das Telefon klingelt, werden wir mit einer anderen Situation konfrontiert und damit auch mit einem anderen *situativen Gefühl.*

Die Situation und somit auch das auftauchende *situative Gefühl* ist abhängig vom Fokus unserer Aufmerksamkeit. Auch wenn wir ganz still auf dem Sofa sitzen und zunächst an den letzten Badeurlaub und dann an die Einkäufe denken, die noch zu erledigen sind, ändert sich dadurch die Situation und damit auch das *situative Gefühl.*

> *Prüfen Sie das für sich nach:* Spüren Sie in sich hinein. Werden Sie sich der Tatsache bewusst, dass unser Erleben tendenziell von einer Resonanz im Fühlen begleitet wird...

Im Wesentlichen sind unsere *situativen Gefühle* durch unsere Gedanken bestimmt, da das, was wir mit unseren Sinnen erleben, durch unser Denken interpretiert und kommentiert wird. Da sich unser Erleben von Moment zu Moment verändert, ist es nicht möglich, ein *situatives Gefühl* festzuhalten. Ein *situatives Gefühl* festhalten zu wollen gleicht dem Versuch, den eigenen Hinterkopf anzuschauen, indem man sich ganz schnell dreht: Im Moment des Drehens dreht sich der Hinterkopf mit. So ist es auch in Bezug auf das *situative Gefühl:* Sobald man versucht ein *situatives Gefühl* festzuhalten, schafft man eine neue Situation und damit ein neues *situatives Gefühl. Situative Gefühle* sind natürliche und unmittelbare Reaktionen auf unser Erleben. Es ist ganz natürlich, dass wir auf eine irritierende Situation mit dem *situativen Gefühl* der Irritation und mit dem Erleben von etwas Positiven mit dem *situativen Gefühl* der Freude reagieren, sie müssen in diesem Sinne nicht verändert werden.

LATENTE GEFÜHLE

Im Gegensatz zu den in jedem Moment sich verändernden *situativen Gefühlen* sind *latente Gefühle* zeitlich ausgedehnte Gefühle, die uns unterschwellig begleiten und uns in unserer Stimmung beeinflussen. Man kann *latente unangenehme*

Gefühle auch als *anhaltende unangenehme Gefühle* bezeichnen.
Angenommen Sie werden von Ihrem Partner verlassen, gehen geschäftlich bankrott oder bekommen eine schwerwiegende Krankheit diagnostiziert, dann werden Sie wahrscheinlich *latente*, sprich *anhaltende unangenehme Gefühle* verspüren, die Sie während des Tages (und vielleicht auch während der Nacht) begleiten und Ihre Stimmung beeinflussen.
Es ist wichtig sich vor Augen zu führen, dass *latente unangenehme Gefühle* nicht einfach so da sind, sondern grundsätzlich Ursachen haben, welche in konkreten Situation wurzeln.
So ist ein *latentes Gefühl* der Sorge nicht einfach so da, sondern bezieht sich auf eine konkrete Situation, welche in uns das Gefühl der Sorge auslöst.
Ein *latentes Gefühl* der Trauer ist nicht einfach so da, sondern bezieht sich auf eine konkrete Situation, welche uns traurig stimmt.

Nicht immer ist man sich der Auslöser-Situation seiner unangenehmen Gefühle bewusst. Doch grundsätzlich gibt es sie und man kann sich ihrer intuitiv bewusst werden, wenn man seine Aufmerksamkeit auf das jeweilige unangenehme Gefühl richtet.

Die Auslöser-Situationen, welche *latente unangenehme Gefühle* verursachen, zeichnen sich dadurch aus, dass wir mit ihnen ein „Problem" haben. Situationen, die in keiner Weise ein Problem für uns darstellen, erzeugen auch keine unangenehmen Gefühle. In diesem Sinne werden im Folgenden Situationen, die in uns *latente unangenehme Gefühle* hervorrufen, *„Problem-Situationen"* genannt.

Latente unangenehme Gefühle werden nicht nur durch *Problem-Situationen* ausgelöst, sie haben gleichzeitig auch eine Funktion, der man sich im Allgemeinen nicht bewusst ist: Die Funktion von *latenten unangenehmen Gefühlen* besteht darin, uns auf eben die *Problem-Situationen* aufmerksam zu machen, durch welche sie selbst verursacht wurden und uns dadurch die Möglichkeit zu geben, mit diesen angemessen umzugehen, bzw. diese angemessen zu verarbeiten.

Indem wir angemessen mit der zugrundeliegenden *Problem-Situation* umgehen, bzw. diese angemessen verarbeiten, verschwindet das Problem in der Situation und mit ihm das *latente unangenehme Gefühl.*

Vergleicht man *latente Gefühle* und *situative Gefühle* miteinander, so besteht der wesentliche Unterschied darin, dass *situative Gefühle* lediglich momenthaft existieren, während *latente Gefühle* uns zeitlich ausgedehnt begleiten. *Situative Gefühle* stehen im Vordergrund unserer Wahrnehmung, *latente Gefühle* halten sich dagegen im Hintergrund (manchmal sind wir uns unserer *latenten Gefühle* kaum oder gar nicht direkt bewusst und trotzdem bestimmen sie uns unterschwellig in unserer Stimmung).
Abgesehen davon gibt es noch ein weiteres Merkmal, welches *latente unangenehme Gefühle* gegenüber den *situativen Gefühlen* unterscheidet: *Latente unangenehme Gefühle* treten als körperliche Empfindungen im Bauch-, Brust-, Hals oder Nackenbereich in Erscheinung. Obwohl diese auf der Körperebene spürbar sind, werden sie dennoch als Gefühle wahrgenommen (man spricht beispielsweise von der Wut im Bauch).

GEFÜHLE

SITUATIVE GEFÜHLE

- erscheinen momenthaft
- stehen im Vordergrund unserer Wahrnehmung

LATENTE GEFÜHLE

- erscheinen zeitlich ausgedehnt
- stehen im Hintergrund unserer Wahrnehmung
- sind auf der Körperebene im Bauch-, Brust-, Hals oder Nackenbereich spürbar

Das Verhältnis zwischen *situativen* und *latenten Gefühlen* kann durch folgendes Beispiel veranschaulicht werden: Angenommen Sie machen eine schwierige Lebensphase durch und fühlen sich dementsprechend von *latenten unangenehmen Gefühlen* belastet, die Sie in Ihrem Alltag unterschwellig begleiten, so können Sie sich durch einen Kinobesuch vorübergehend ablenken. Der Kinofilm unterhält Sie, indem er durch eine Vielzahl an Eindrücken eine Vielzahl an *situativen Gefühlen* auslöst. Mit Beendigung des Films und dem Abklingen der durch ihn ausgelösten Eindrücke klingen auch die mit ihnen verbundenen *situativen Gefühle* ab und die *latenten Gefühle,* die mit Ihrer Lebenssituation in Zusammenhang stehen, nehmen wieder konkretere Form an.

WIE WIR IM ALLGEMEINEN MIT UNANGENEHMEN GEFÜHLEN UMGEHEN

Im Allgemeinen ist man sich der Unterscheidung zwischen *situativen Gefühlen* und *latenten Gefühlen* nicht bewusst. Auch ist man sich nicht darüber bewusst, dass *latente unangenehme Gefühle* die Funktion haben, uns auf unsere *Problem-Situationen* aufmerksam zu machen, sodass wir die Möglichkeit haben, angemessen mit ihnen umzugehen. Stattdessen empfindet man sie als falsch, lästig und überflüssig und versucht sie so schnell wie möglich „wegzumachen". Diesbezüglich haben sich in unserer Gesellschaft zwei Verhaltensweisen im Umgang mit unangenehmen Gefühlen durchgesetzt, die allgemein breite Anwendung finden: die *Ablenkung* und die *Betäubung*.

DIE ABLENKUNG

Im persönlichen Umgang mit unangenehmen Gefühlen kann man sich ablenken, indem man seine Aufmerksamkeit einfach auf andere Dinge richtet. Fokussiert man sein Bewusstsein auf etwas, erfolgt dies unter vorübergehendem Ausschluss anderer möglicher Bewusstseinsinhalte. Auf diese Weise ist es möglich, seine unangenehmen Gefühle vorübergehend in Vergessenheit geraten zu lassen.

Die *Ablenkung* im Umgang mit unangenehmen Gefühlen funktioniert, doch funktioniert sie hinsichtlich der *latenten unangenehmen Gefühle* nur vorübergehend. Sobald die *Ablenkung* vorüber ist, ist es nur eine Frage der Zeit, bis das unangenehme Gefühl wieder konkrete Gestalt annimmt, da die ihm zugrunde liegende *Problem-Situation* als seine Ursache nach wie vor vorhanden ist.

DIE BETÄUBUNG

Neben der *Ablenkung* können unangenehme Gefühle durch Nikotin, Alkohol, Medikamente und andere diverse Hilfsmittel vorübergehend betäubt werden. Es gibt den Spruch: „Probleme sind in Alkohol löslich", und so ist es tatsächlich: Ein Problem ist in seiner Erscheinungsform davon abhängig, dass es einen Geist gibt, der in der Lage ist, das Problem als Problem wahrzunehmen.
Werden die geistigen Funktionen infolge von Alkoholkonsum oder anderen Mitteln beeinträchtigt, verschwindet die nötige Sensibilität diesbezüglich und mit dem Verschwinden der Wahrnehmung des Problems verschwindet auch das mit ihm in Zusammenhang stehende unangenehme Gefühl.
Wie die *Ablenkung* hat die *Betäubung* im Umgang mit *latenten unangenehmen Gefühlen* nur eine vorübergehende Wirkung. Da auch hier die zugrunde liegende *Problem-Situation* unverändert erhalten bleibt, ist es nur eine Frage der Zeit, bis das unangenehme Gefühl wieder in konkreter Form erscheint.

> *Anmerkung:* Eine sehr wirkungsvolle Methode sich abzulenken und gleichzeitig zu betäuben stellt in unserer Gesellschaft das Essen dar. Die sinnliche Wahrnehmung des Schmeckens ist derart bewusstseinsfüllend, dass es sich hervorragend dafür eignet, unangenehme Gefühle verschiedener Art vorübergehend von sich fern zu halten.
> Geht man unachtsam mit seiner Nahrungsmittelaufnahme um, ist die Aufmerksamkeit anschließend durch

das dadurch entstehende Körpergefühl so absorbiert, dass man auch dann nicht in der Lage ist, seine unangenehmen Gefühle und die mit ihnen in Zusammenhang stehenden *Problem-Situationen* klar wahrzunehmen.

Da weder die *Ablenkung*, noch die *Betäubung* zu einer nachhaltigen Auflösung von unangenehmen Gefühlen führen, wollen wir im folgenden Teil des Buches unsere Aufmerksamkeit darauf richten, wie wir bewusst mit unseren unangenehmen Gefühlen so umgehen können, dass diese sich vollständig und endgültig auflösen und wir ungetrübt den gegenwärtigen Moment wahrnehmen können.

ZUSAMMENFASSUNG

- *Glücklichsein* ist unser natürlicher Zustand, der zutage tritt, sobald unser Bewusstsein nicht durch Formen des Leidens eingetrübt ist.

- Man kann zwischen *körperlichen Leiden* und *psychischen Leiden* unterscheiden.

- *Körperliche Leiden* erscheinen in Form von körperlichem Unwohlsein und Schmerzen.

- *Psychisches Leiden* erscheint in Form von unangenehmen Gefühlen (auch wenn diese mit Gedanken in Zusammenhang stehen).

- Neben den *körperlichen Leiden* sind es die unangenehmen Gefühle, die uns daran hindern, den gegenwärtigen Moment ungetrübt wahrzunehmen und zu genießen.

- Es lässt sich zwischen momenthaft erscheinenden *situativen Gefühlen* und zeitlich ausgedehnten *latenten Gefühlen* unterscheiden.

- *Situative Gefühle* sind eine unmittelbare natürliche Reaktion auf das, was wir im jeweiligen Moment erleben. Da sich unser Erleben von Moment zu Moment verändert, verändert sich das *situative Gefühl* mit ihm. Es ist in diesem Sinne von flüchtiger Natur.

- *Latente unangenehme Gefühle* sind *anhaltende Gefühle,* die uns unterschwellig begleiten und uns in unserer Stimmung beeinflussen. Sie stehen in Zusammenhang zu *Problem-Situationen,* durch welche sie ausgelöst sind.

- *Latente unangenehme Gefühle* haben die Funktion uns auf eben diese *Problem-Situationen* hinzuweisen, auf dass wir die Möglichkeit haben, angemessen mit ihnen umzugehen, bzw. sie angemessen zu verarbeiten.

- Die *Ablenkung* und die *Betäubung* funktionieren im Umgang mit *latenten unangenehmen Gefühlen* nur vorübergehend. Da die zugrunde liegende *Problem-Situation* als die Ursache des unangenehmen Gefühls nach wie vor erhalten bleibt, ist es nur eine Frage der Zeit, bis das unangenehme Gefühl von Neuem konkrete Form annimmt.

— Teil 2 —

DER BEWUSSTE UMGANG MIT UNANGENEHMEN GEFÜHLEN

In diesem zweiten Teil des Buches geht es um den bewussten Umgang mit unangenehmen Gefühlen.
Es gilt uns darüber im Klaren zu werden, wie wir mit unseren unangenehmen Gefühlen so umgehen können, dass diese sich vollständig und endgültig auflösen und wir ungetrübt den gegenwärtigen Moment wahrnehmen können. Diesbezüglich ist es wichtig, sich bewusst zu sein, dass unangenehme Gefühle in unterschiedlichen Formen erscheinen. Da sich *situative* und *latente Gefühle* hinsichtlich ihres Wesens voneinander unterscheiden, muss auch hinsichtlich des Umgangs mit ihnen unterschieden werden.

UMGANG MIT UNANGENEHMEN SITUATIVEN GEFÜHLEN

Wie wir gesehen haben, sind *situative Gefühle* unmittelbare natürliche Reaktionen auf das, was wir im jeweiligen Moment erleben.
Es ist ganz natürlich, dass wir auf eine für uns freudig erscheinende Situation, mit dem *situativen Gefühl* der Freude reagieren. Es ist ebenfalls ganz natürlich, dass wir auf eine irritierende Situation mit dem *situativen Gefühl* der Irritation

reagieren. In diesem Sinne sind *situative Gefühle* nicht ‚falsch' und können für sich so stehen gelassen werden. Leiden wir unter einem tendenziell unangenehmen *situativen Gefühlsleben*, ist die Ursache nicht in den Gefühlen an sich zu suchen, sondern in dem Erleben, auf Basis dessen diese *situativen Gefühle* entstehen und vergehen.
Unser Erleben wiederum ist stark von unseren Gedanken bestimmt. Ein turbulentes Gedankenleben führt zu einem turbulenten *situativen Gefühlsleben*. Beruhigen wir unseren *denkenden Verstand* beispielsweise durch Meditation, wird auch das *situative Gefühlsleben* beruhigt. Harmonische Gedanken führen zu harmonischen *situativen Gefühlen*. Wie man den *denkenden Verstand* zur Ruhe kommen lässt, um in die Präsenz des *Hier* und *Jetzt* einzutauchen, ist Gegenstand der östlichen Spiritualität, aber auch einiger westlicher spiritueller Lehrer, wie beispielsweise Eckhart Tolle (um einen bekannten Lehrer zu nennen).
Die Beruhigung des *denkenden Verstandes* und die damit einhergehende Beruhigung des *situativen Gefühlslebens* sei an dieser Stelle den spirituellen Lehrern und Lehren überlassen. Wir wollen uns auf den Umgang mit dem konzentrieren, was wir als anhaltende unangenehme Gefühle wahrnehmen. In diesem Sinne geht es im Folgenden um den Umgang mit den *latenten unangenehmen Gefühlen*.

UMGANG MIT LATENTEN UNANGENEHMEN GEFÜHLEN

Wie bereits ausgeführt, sind *latente unangenehme Gefühle* zeitlich ausgedehnte Gefühle, die uns unterschwellig begleiten und uns in unserer Stimmung beeinflussen. Sie werden durch *Problem-Situationen* ausgelöst und haben die Funktion, uns auf eben diese hinzuweisen, so dass wir die Möglichkeit haben, angemessen mit ihnen umzugehen bzw. sie angemessen zu verarbeiten.

Erst wenn wir zu einem angemessenen Umgang mit der zugrundeliegenden *Problem-Situation* gefunden bzw. diese verarbeitet haben, kann sich das mit ihr in Zusammenhang stehende unangenehme Gefühl auf natürliche Weise auflösen.

In diesem Sinne gilt es, die Aufmerksamkeit auf die zugrundeliegende *Problem-Situation* zu richten, sobald wir es mit einem *latenten*, d.h. *anhaltenden unangenehmen Gefühl* zu tun haben.

Im Licht dieses Verständnisses sind *latente unangenehme Gefühle* wahre Lebenshilfen, denn sie weisen auf unsere *Problem-Situationen* hin, fordern uns auf uns konstruktiv mit ihnen auseinanderzusetzen, und ermöglichen uns so, unser Leben zu meistern.

> Anmerkung: Es sei an dieser Stelle darauf aufmerksam gemacht, dass unsere *Problem-Situationen* neben den *latenten unangenehmen Gefühlen* auch *unangenehme Gedanken* auslösen (d.h. Gedanken, die mit *unangenehmen situativen Gefühlen* einhergehen).
>
> Indem wir zu einem angemessenen Umgang mit der zugrundeliegenden *Problem-Situationen* finden bzw. diese angemessen verarbeiten, verschwindet nicht nur

das mit ihr in Zusammenhang stehende *latente unangenehme Gefühl*, sondern auch die mit ihr in Zusammenhang stehenden *unangenehmen Gedanken*.

Sind wir uns bewusst, dass unsere individuellen *Problem-Situationen* die Ursache für unsere *latenten unangenehmen Gefühle* sowie für unsere *unangenehmen Gedanken* sind, spitzt sich alles auf folgende Frage hin zu:

Wie können wir zu einem angemessenen Umgang mit unserer jeweiligen *Problem-Situation* finden, bzw. diese angemessen verarbeiten?

Da dies die eigentliche Herausforderung im Umgang mit *latenten unangenehmen Gefühlen* und *unangenehmen Gedanken* darstellt, stelle ich im Folgenden eine Technik vor, die uns dabei behilflich ist.

DIE SELBSTBEFRAGUNG

Die *Selbstbefragung* ist eine Technik im Umgang mit *latenten unangenehmen Gefühlen* und *unangenehmen Gedanken.*

Sie hilft uns, uns bewusst zu werden, wie mit der zugrundeliegenden *Problem-Situation* angemessen umzugehen ist und diese zu verarbeiten. Dadurch verschwindet das Problem in der Situation und mit ihm das *latente unangenehme Gefühl* sowie die *unangenehmen Gedanken.*

FUNKTIONSWEISE

Die *Selbstbefragung* wird durchgeführt, indem man sich selbst schriftlich Fragen zur jeweiligen *Problem-Situation* stellt und die Erfahrung macht, dass man sich der Antwort intuitiv bewusst ist.

Damit Sie die Funktionsweise der *Selbstbefragung* auch im praktischen Sinne verstehen, stelle ich Ihnen folgende Frage:

Können Sie sich an eine Situation erinnern,
in der Sie das Meer gesehen haben?

Ich bitte Sie, sich diese Frage tatsächlich zu beantworten, denn nur so wird das Nachfolgende für Sie Sinn machen…

Wenn Sie sich an eine Situation erinnern können, in der Sie das Meer gesehen haben, will ich Sie nun darauf aufmerksam machen, dass diese Erinnerung vor einer halben Minute

noch nicht präsent war. Sie ist Ihnen erst jetzt, als Reaktion auf die gestellte Frage, bewusst geworden.
Auf die Frage, wie Sie das gemacht haben, bzw. wo Sie die Erinnerung hergeholt haben, werden Sie mir wahrscheinlich nicht direkt antworten können. Sie haben ihr Bewusstsein entsprechend der Frage ausgerichtet und plötzlich war die Erinnerung da, ohne dass Sie sagen könnten, wie dies geschehen ist. Die Erinnerung wurde Ihnen sozusagen aus einem unbewussten Bereich ihres Seins „zugereicht".

Ich hätte Ihnen auch andere Fragen stellen können und Ihnen wären entsprechende Antworten zu Bewusstsein gekommen: Beispielsweise wo Sie Ihre Kindheit verbracht haben, in welche Schule Sie gegangen sind oder wie ihre Mutter heißt... Wenn ich Sie unspezifisch gefragt hätte, was sie in der Vergangenheit erlebt haben, wären Ihnen nur diffuse Bilder gekommen, da die Frage zu unkonkret ist, als dass es eine konkrete Antwort darauf hätte geben können. Um konkrete Antworten von Seiten unseres *Unterbewusstseins* zu erhalten, bedarf es konkreter Fragen!
Stellen wir konkrete Fragen, wird uns unser *Unterbewusstsein* bereitwillig mit entsprechenden Informationen versorgen.

Dieses Prinzip des Abfragens von unterbewusst vorhandenen Informationen funktioniert auch in Bezug auf unsere *Problem-Situationen*: Stellen wir uns schriftlich Fragen zu unserer jeweiligen *Problem-Situation,* werden wir auch hier die Erfahrung machen, dass wir *intuitive Antworten* in Form von Gedanken und Gefühlen erhalten, die es uns ermöglichen die *Problem-Situation* tiefgreifender in ihren Zusammenhängen zu verstehen. Dies ist möglich, weil wir unterbewusst weit mehr Informationen aufnehmen und verarbeiten, als in unserer bewussten Wahrnehmung erscheinen.

Die zum Teil für uns relevanten Informationen würden weiterhin unbewusst in uns vergraben bleiben, solange wir sie nicht in die bewusste Wahrnehmung heben.

Gerade in Anbetracht von *Problem-Situationen* neigen wir dazu, uns in unseren eigenen Denk- und Fühlmustern im Kreis zu drehen, ohne eine Lösung zu finden.
Dieses Dilemma kann unterbrochen werden, indem wir durch die *Selbstbefragung* einen neuen Zugang zu unserer jeweiligen *Problem-Situation* gewinnen, sie tiefgreifender in ihren Zusammenhängen verstehen und uns bewusst werden, wie mit ihr angemessen umzugehen ist.

Es ist wichtig, dass wir entsprechende Fragen schriftlich formulieren, denn dadurch zwingen wir uns, uns genau bewusst zu werden, was wir eigentlich wissen wollen. Je klarer wir uns darüber sind, was wir wissen wollen, desto klarer und eindeutiger werden die *intuitiven Antworten* ausfallen.

Dabei richten sich unsere Fragen nicht an die Verstandesebene, sondern an unser eigenes *Unterbewusstsein,* welches seinen Sitz im Bauch- bzw. Solarplexusbereich hat. Auch wenn unser *Unterbewusstsein* auf Informationen zugreift, die in unserem Gehirn abgespeichert sind, kommunizieren wir mit unserem *Unterbewusstsein* und nicht mit unserem Gehirn. Die *intuitiven Antworten* erscheinen anstrengungslos in Form von Gedanken und Gefühlen. Sie sind als Reaktion auf die gestellten Fragen einfach da. Wir halten die jeweilige Antwort ebenfalls schriftlich fest, um auf ihrer Basis die nächste Frage zu formulieren. Haben wir auf diese Weise die jeweilige *Problem-Situation* in ihren Zusammenhängen tiefgehend verstanden (sodass sich diesbezüglich keine weiteren Fragen ergeben), stellen wir uns abschließend, ebenfalls schriftlich, die Frage:

> Wie kann ich mit der Situation umgehen?

Auch darauf werden wir eine *intuitive Antwort* erhalten.

Mit dem Verständnis der *Problem-Situation* in ihren Zusammenhängen und der Klarheit wie mit ihr umzugehen ist, verschwindet das Problem in der Situation (sie ist nun zu einer „normalen" Situation geworden, die wir verstehen und mit der wir umzugehen wissen). Mit dem Verschwinden des Problems verschwinden das mit ihm in Zusammenhang stehende *latente unangenehme Gefühl* sowie die *unangenehmen Gedanken* auf natürliche und nachhaltige Weise.

> *Anmerkung:* Das Verständnis der *Problem-Situation* in ihren Zusammenhängen hilft uns, diese zu verarbeiten. Auch in Bezug auf Situationen, in denen es nichts zu tun gibt oder man nichts tun kann, verschwinden die mit ihnen in Zusammenhang stehenden *latenten unangenehmen Gefühle* und *unangenehmen Gedanken* auf natürliche Weise.

Es folgen zwei einfache Beispiele für die *Selbstbefragung* im täglichen Leben.

BEISPIEL 1

Sie hatten eine Auseinandersetzung mit Ihrer Freundin und fühlen sich diesbezüglich unwohl, ohne zu wissen, wie Sie mit der Situation umgehen können. Eine *Selbstbefragung* könnte folgende Form haben:

> **Was ist los mit mir?**
> *Ich fühle mich unwohl.*
> **Warum?**
> *Wegen der Auseinandersetzung mit Lena.*
> **Habe ich etwas falsch gemacht?**
> *Ich habe meinen Standpunkt zum Ausdruck gebracht.*
> **Ist mein Standpunkt berechtigt?**
> *Aus meiner Perspektive ja.*
> **Ist Lenas Standpunkt berechtigt?**
> *Aus ihrer Perspektive ebenfalls ja.*
> **Wie kann ich jetzt mit der Situation umgehen?**
> *Ihren Standpunkt voll und ganz nachvollziehen.*
> *Das Gespräch mit ihr suchen, um eine gemeinsame Lösung zu finden.*

Durch die *Selbstbefragung* ist Ihnen bewusst geworden, dass Sie in der besagten Auseinandersetzung nichts falsch gemacht haben, da Sie lediglich Ihren Standpunkt zum Ausdruck brachten. Sowohl Ihr eigener Standpunkt, als auch der Ihrer Freundin ist aus der jeweiligen Perspektive berechtigt. Es geht nun darum den Standpunkt ihrer Freundin voll und ganz nachzuvollziehen, um eine gemeinsame Lösung finden zu können. Durch diesen Klärungsprozess wird sich das ursprüngliche Gefühl des Unwohlseins aufgelöst haben, da Sie für sich eine Möglichkeit gefunden haben, angemessen mit der Situation umzugehen, anstatt passiv unter ihr zu leiden.

BEISPIEL 2

Sie sind unruhig und nervös, ohne sich zunächst der Ursache bewusst zu sein.
Eine *Selbstbefragung* kann folgende Form haben:

> **Was ist los mit mir?**
> *Ich bin unruhig.*
> **Warum bin ich unruhig?**
> *Ich muss mich bezüglich der Fahrt nach Frankfurt entscheiden.*
> **Wann muss ich mich entscheiden?**
> *Am besten jetzt gleich.*
> **Also: Steht es für mich an, die Fahrt nach Frankfurt zu unternehmen?**
> *Ja.*
> **Was ist zu tun?**
> *Andrea Bescheid geben.*

Durch die *Selbstbefragung* ist Ihnen bewusst geworden, dass Sie unruhig sind, weil Sie sich bezüglich der Fahrt nach Frankfurt noch nicht entschieden haben. Indem sie sich schriftlich die entsprechende Frage stellen, werden Sie sich intuitiv bewusst, dass es ansteht, die Fahrt zu unternehmen und dass Sie diesbezüglich Andrea Bescheid geben können. Damit ist Ihre Entscheidung gefallen und das ursprüngliche Gefühl der inneren Unruhe verschwindet.
Dies sind zwei einfache Beispiele, um die Funktionsweise der *Selbstbefragung* im täglichen Leben zu veranschaulichen. Später kann die Technik auch angewendet werden, um *komplexe schwerwiegende Problem-Situationen* zu klären. Doch zunächst geht es darum, anhand einfacher Situationen das Prinzip der *Selbstbefragung* tiefgreifender zu verstehen.

Anmerkung: Es gilt an dieser Stelle noch einmal zu betonen, dass sich die *Selbstbefragung* nicht an den Verstand richtet. Es geht nicht darum das abzufragen, was wir auf der Verstandesebene schon zu wissen meinen, und auch nicht darum, sich die Antwort gemäß der eigenen Wünsche und Ängste „zurechtzuschustern". Vielmehr geht es darum, sich den *intuitiven, ganzheitlichen Impulsen* zu öffnen, die sich bemerkbar machen, wenn wir uns mit konkreten Fragen konfrontieren. Die *Selbstbefragung* bedeutet in diesem Sinne einen Dialog mit sich selbst zu führen. Die Fragen werden vom Verstand gestellt und von Seiten des *Unterbewusstseins* in Form von *intuitiven Gedanken* und *Gefühlen* beantwortet.

ANWENDUNG

Nun haben Sie die Möglichkeit direkte Erfahrungen mit der Technik der *Selbstbefragung* zu machen, indem Sie sich durch die folgende Anwendung führen lassen:

Ausgangspunkt der *Selbstbefragung* ist ein *latentes*, sprich *anhaltendes unangenehmes Gefühl*. Wie wir wissen, bezieht sich dieses auf eine *Problem-Situation* (sollten Sie sich im gegenwärtigen Moment vollkommen frei und unbeschwert fühlen, empfiehlt es sich, die Übung zu einem späteren Zeitpunkt zu machen).
Verspüren Sie gegenwärtig ein *anhaltendes unangenehmes Gefühl*, geht es bei den ersten Fragen darum, den Zusammenhang zwischen unangenehmen Gefühl und der zugrunde liegenden *Problem-Situation* herzustellen. Eine sehr einfache Weise dies zu tun, besteht darin, sich die Fragen zu stellen:

„Was ist los mit mir?“ (auch wenn diese Frage nicht sonderlich ausgefeilt klingt, eignet sie sich sehr gut, um mit sich selbst in Kontakt zu treten und in die *Selbstbefragung* einzusteigen).
Die Fragen richten sich wie gesagt nicht an den Verstand, der im Kopf zu lokalisieren wäre, sondern an das eigene *Unterbewusstsein*, welches seinen Sitz im Körperzentrum hat (um es simpel auszudrücken). Sie formulieren Ihre Frage schriftlich und werden die Erfahrung machen, dass Sie sich der Antwort *intuitiv* bewusst sind.
Ich fordere Sie nun auf sich die folgenden Fragen selbst zu stellen. Nehmen Sie dazu Stift und Blatt zur Hand und verfahren Sie nach der beschriebenen Weise:

> **Was ist los mit mir?**
> *Sie werden sich der Antwort bewusst im Sinne von: ich mache mir Sorgen oder ich bin wütend oder ich habe ein schlechtes Gewissen (oder Ähnliches).*

Nun stellen Sie die nächste Frage:

> **Worüber mache ich mir Sorgen/bin ich wütend/habe ich ein schlechtes Gewissen?**
> *Die intuitive Antwort auf diese Frage wird sie mit der eigentlichen Problem-Situation in Verbindung bringen: Ich mache mir Sorgen, dass... (das, worauf sich das unangenehme Gefühl bezieht ist die Problem-Situation!)*

Schauen Sie sich Ihre *Problem-Situation* an. Sie werden mit hoher Wahrscheinlichkeit feststellen, dass diese mit Unklarheiten verbunden ist und Sie in Folge dessen nicht wissen, wie Sie (optimal) mit ihr umgehen können.

Die nun folgenden Fragen haben den Sinn, die Unklarheiten in Bezug auf die *Problem-Situation* zu klären.
Da jede *Problem-Situation* einzigartig ist, gibt es in Bezug auf die *Selbstbefragung* keinen vorgefertigten Fragenkatalog. Sie sind aufgefordert die Fragen selbst zu kreieren, in Abhängigkeit davon, was Ihnen jeweils unklar ist. Formulieren Sie Ihre jeweilige Frage schriftlich und nehmen Sie Ihre *intuitive Antwort* als Reaktion auf die gestellte Frage wahr...

...Sind Sie sich der *intuitiven Antwort* bewusst geworden, halten Sie diese ebenfalls schriftlich fest und formulieren Sie darauf aufbauend Ihre nächste Frage. Führen Sie den Prozess solange fort, bis Sie für sich alle wesentlichen Fragen zur *Problem-Situation* auf diese Weise geklärt haben.
Bezüglich der *intuitiven Antwort* empfehle ich Ihnen aufzuschreiben, was Ihnen unmittelbar als Reaktion auf die gestellte Frage zu Bewusstsein kommt, ohne davor zu prüfen, ob es für Sie einen Sinn ergibt oder nicht. Oft sind wir überrascht, was wir aufschreiben und der Sinn wird erst im Nachhinein ersichtlich.

Haben Sie auf die beschriebene Weise für sich die bestehenden Unklarheiten in Bezug auf die *Problem-Situation* geklärt, stellen Sie abschließend sinngemäß folgende Frage:

Wie kann ich mit der Situation umgehen?

Auch darauf werden Sie eine *intuitive Antwort* erhalten. Sind Sie sich auf diese Weise bewusst geworden, wie mit der *Problem-Situation* umzugehen ist und bereit sich gemäß Ihrer Einsicht zu verhalten, können Sie sich gewahr sein, dass sich das ursprünglich unangenehme Gefühl vollkommen aufgelöst hat. Die anfängliche *Problem-Situation* ist nun zu einer Situation geworden, die Sie in ihren Zusammenhängen verstehen und mit der Sie umzugehen wissen. Sie stellt in diesem Sinne kein Problem mehr für Sie dar. Mit dem Verschwinden des Problems verschwinden das *unangenehme Gefühl* sowie die mit ihm verbundenen *unangenehmen Gedanken* auf natürliche Weise.

Bei Fragen oder Anregungen besuchen
Sie mich auf meiner Homepage:
www.nicolas-alschibaja.de

ZUSAMMENFASSUNG

- Damit ein *latentes unangenehmes Gefühl* oder *unangenehme Gedanken* nachhaltig verschwinden können, muss mit der zugrundeliegenden *Problem-Situation* angemessen umgegangen werden, bzw. diese angemessen verarbeitet werden.

- Die *Selbstbefragung* hilft uns bewusst zu werden, wie mit der zugrundeliegenden *Problem-Situation* angemessen umzugehen ist, bzw. diese zu verarbeiten.

- Die *Selbstbefragung* funktioniert, indem man sich selbst schriftlich Fragen zur *Problem-Situation* stellt und die Erfahrung macht, dass die jeweilige Antwort *intuitiv* vorhanden ist.

- Indem man zu einem angemessenen Umgang mit der zugrundeliegenden *Problem-Situation* findet, bzw. diese angemessen verarbeitet, verschwindet das Problem in der Situation und mit ihm das *latente unangenehmen Gefühl* sowie die *unangenehmen Gedanken.*

— Teil 3 —

ACHT ÜBUNGEN FÜR DAS TÄGLICHE LEBEN

Die *Selbstbefragung* ist als eine Grundtechnik zu verstehen, die uns dabei behilflich ist, mit unseren *latenten unangenehmen Gefühlen* sowie unseren *unangenehmen Gedanken* umzugehen. Wann immer Sie unter einem *latenten unangenehmen Gefühl* oder *unangenehmen Gedanken leiden,* haben Sie die Möglichkeit, die zugrunde liegende *Problem-Situation* mittels der *Selbstbefragung* für sich zu klären. Nehmen Sie hierzu einfach Stift und Blatt zur Hand und verfahren Sie auf die beschriebene Weise. Sie werden für sich die Erfahrung machen, dass diese Technik bei geringem Zeiteinsatz äußerst effektiv ist.

Täglich verbringen wir Zeit damit, uns äußerlich in Ordnung zu bringen und in Ordnung zu halten. Warum sollten wir uns nicht mit der gleichen Selbstverständlichkeit regelmäßig Zeit nehmen uns innerlich, d.h. psychisch-seelisch, in Ordnung zu bringen und in Ordnung zu halten?

Im Folgenden werden, auf dem Prinzip der *Selbstbefragung* aufbauend, *acht Übungen für das tägliche Leben* vorgestellt, die sich zur regelmäßigen Anwendung eignen.

Die ersten vier Übungen bewirken eine tiefgreifende Klärung des eigenen Bewusstsein in Hinblick auf:

1 die Entscheidungen, die zu treffen sind
2 die Dinge, die zu tun sind
3 den Umgang mit Sorgen
4 die Verarbeitung von unangenehmen Erfahrungen.

Die Übungen 5, 6, 7 und 8 helfen uns dabei:

5 uns als die Person zu kreieren, die wir sein wollen
6 uns auf das auszurichten, was uns wichtig ist
7 uns der Zukunft bewusst zu werden,
in die wir uns hinein entwickeln wollen
8 dankbar wertzuschätzen,
was uns an Positivem begegnet.

Die Übungen werden am besten morgens vor dem Einstieg in die Tagesaktivität oder abends vor dem Schlafengehen durchgeführt. Sie nehmen mit ein wenig Routine nur wenig Zeit in Anspruch, haben aber einen wesentlichen Einfluss auf unser Wohlbefinden, unsere Ausgeglichenheit und Gesundheit.

ÜBUNG I
ENTSCHEIDUNGEN TREFFEN

In unserem täglichen Leben sind wir aufgefordert, immer wieder Entscheidungen kleinerer und größerer Art zu treffen. Manchen Menschen fällt es leichter zu entscheiden, anderen fällt es weniger leicht. In manchen Situationen ist es eindeutiger, wie zu entscheiden ist, in anderen weniger. Manchmal ist es gut, wenn man die Entscheidung vertagt oder sich einfach keine Gedanken mehr macht, um das Leben selbst entscheiden zu lassen. In manchen Fällen jedoch wird das Aufschieben von Entscheidungen zu einer Belastung, welche unsere Aufmerksamkeit unterschwellig absorbiert und unser Wohlbefinden negativ beeinflusst. Es ist ratsam, diese Entscheidungen zu treffen, anstatt sie weiterhin vor sich her zu schieben.

Die nun folgende Übung bezieht sich auf das Treffen von Entscheidungen. Zunächst gilt es sich aller anstehenden Entscheidungen bewusst zu werden. Dies geschieht, indem wir einen Stift und ein (am besten unliniertes) Blatt zur Hand nehmen und „Entscheidungen" an eine zentrale Stelle des Blattes schreiben. Wenn Sie wollen, können Sie dieses Wort auch einkreisen.

Dann seien Sie so frei und werden sich aller Entscheidungen bewusst, die zu fällen sind (ohne sie gleich fällen zu müssen). Auf die Frage, wie man das macht, lautet die Antwort, dass es ausreicht in sich hinein zu püren, um sich der anstehenden Entscheidungen bewusst zu werden. Für jede Entscheidung, die zu treffen ist, finden Sie ein oder mehrere repräsentative Stichworte und positionieren Sie diese um das im Zentrum stehende Wort „Entscheidungen".

Verbinden Sie dabei die jeweiligen Stichworte mit dem im Zentrum stehenden Wort durch eine Linie.

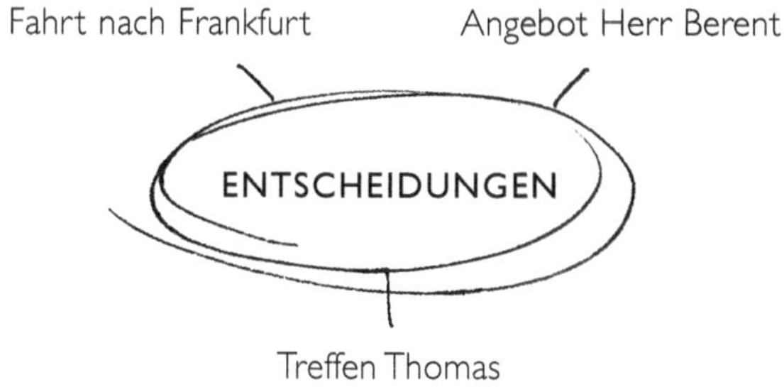

Haben Sie sich auf diese Weise alle anstehenden Entscheidungen bewusst gemacht, geht es im nächsten Schritt nun darum diese zu fällen. Dies geschieht, indem wir zu jedem Thema eine kurze *Selbstbefragung* durchführen: Schreiben Sie hierfür einfach Ihre Fragen zur Situation auf und beantworten sich diese selbst, wie es im vorherigen Kapitel ausgeführt wurde.

Eine *Selbstbefragung* zum Thema „Angebot Herr Berent" könnte folgende Form haben:

> **Steht es an das Angebot von Herrn Berent anzunehmen?**
> *Ja.*

Das war bereits die gesamte Übung. Durch die Konfrontation mit einer konkreten Frage reagieren Sie innerlich mit einem „Ja" oder einem „Nein". In diesem Fall sind Sie sich bewusst geworden, dass es ansteht, das Angebot von Herrn Berent anzunehmen.

Anmerkung: Dieser unmittelbare Impuls als *intuitive Antwort* auf die gestellte Frage ist wohl zu unterscheiden von der Abfolge an Gedanken, die danach unser Wesen einnehmen und uns in der Regel in unseren Entscheidungen und Handlungen bestimmen.
Um die Technik der *Selbstbefragung* sauber anwenden zu können, sollte man diese zwei Ebenen zu unterscheiden wissen. Die Impulse unseres *Unterbewusstseins* erscheinen unmittelbar und anstrengungslos. Es bedarf keiner sonderlichen Konzentration, um sie wahrzunehmen, sondern lediglich eines einfachen In-sich-hinein-spürens, um die unmittelbare subtile Reaktion unseres Wesens auf die gestellte Frage wahrzunehmen. Erforscht man sich selbst, macht man die Erfahrung, dass in unserem ersten unmittelbaren *intuitiven Impuls* auf eine Entscheidungssituation vielmehr Einsicht drin steckt, als in dem, was unser Verstand (geprägt durch seine Konditionierung) danach von sich gibt.
Sollte das Finden der Antwort mit Anstrengung oder Anspannung verbunden sein, ist das ein Hinweis darauf, dass der Verstand am Werk ist. Auch deutet ein Abwägen, Zögern oder Zweifeln auf die Tätigkeit unseres Verstandes hin. Das *Unterbewusstsein* wägt nicht ab, es zögert und es zweifelt nicht: Auf eine Ja-Nein- Frage reagiert es mit einem ‚Ja' oder einem ‚Nein' oder es reagiert gar nicht (wenn es gar nicht reagiert, ist es ein Hinweis darauf, dass man die Frage nicht richtig gestellt hat, bzw. dass im Vorfeld andere Fragen geklärt werden müssen, damit diese Frage eindeutig beantwortet werden kann).
Nehmen Sie die Impulse Ihres *Unterbewusstseins* wahr, aber seien Sie frei damit umzugehen, wie Sie es für richtig halten. Die *Selbstbefragung* soll uns nicht von der

Verantwortung für unsere Entscheidungen entbinden, sondern hat lediglich die Aufgabe, uns mit den Impulsen unseres *Unterbewusstseins* in Verbindung zu bringt. Auch wenn ich dafür plädiere diese Impulse ernst zu nehmen, bleibt es in der Verantwortung eines jedes einzelnen, wie er mit diesen umgeht.

Die *Selbstbefragung* in Bezug auf Herrn Berent bestand aus einer einzigen Frage. Selbstverständlich gibt es auch komplexere Entscheidungssituationen, die mehrere Fragen erfordern. Wie auch immer: Probieren und experimentieren Sie! Das Grundprinzip der *Selbstbefragung* ist immer das Gleiche. Klären Sie Ihre Unklarheiten, indem Sie Ihre Fragen aufschreiben und die Erfahrung machen, dass die jeweilige Antwort intuitiv einfach da ist.
Gehen Sie auf diese Weise mit Ihren Entscheidungen um, indem Sie zu jedem aufgeschriebenen Stichwort eine kurze *Selbstbefragung* durchführen. Sie werden die Erfahrung machen, dass es eine Wohltat ist, auf diese Weise Entscheidungen zu treffen und sich so von ihrer Last zu befreien.

ÜBUNG 2
WAS IST HEUTE ZU TUN?

Bei dieser Übung geht es um das, was heute zu tun ist. Dabei bezieht sich die Übung bewusst auf den heutigen Tag. Es geht nicht darum das zu tun, was eigentlich morgen zu tun wäre, sondern es reicht absolut aus das zu tun, was für heute zu tun ansteht.

Tag für Tag tun, was am jeweiligen Tag zu tun ist, stellt eine Art Meisterschaft im täglichen Leben dar, denn auf diese Weise bleiben wir immer mit uns und der uns umgebenden Welt im Reinen.

Um sich bewusst zu werden, was konkret heute zu tun ist, nehmen Sie sich wieder Stift und Blatt zur Hand und schreiben „Heute" auf eine zentrale Stelle des Blattes. Dann seien Sie so frei und werden sich aller Dinge bewusst, die heute für Sie zu tun sind (auch hier reicht es aus die Aufmerksamkeit einfach nach innen zu richten, um sich dessen bewusst zu werden, was für Sie relevant ist). Finden Sie für jedes Ding, das zu tun ist, repräsentative Stichworte und notieren Sie diese um das Zentrum. Verbinden Sie dabei die jeweiligen Stichworte mit dem im Zentrum stehenden „Heute".

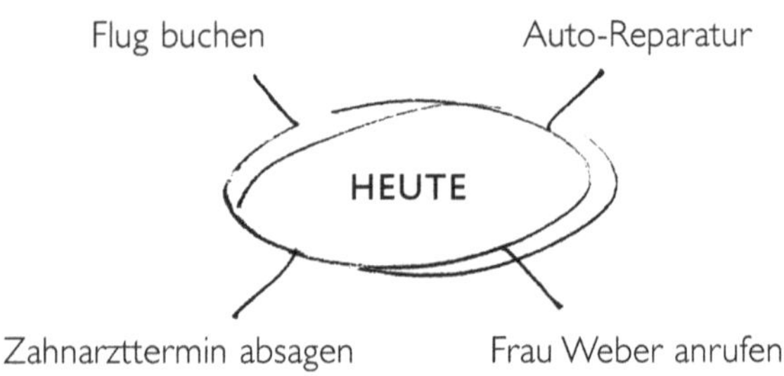

Anmerkung: Wenn Sie diese Übung abends machen, dann bezieht sie sich auf den kommenden Tag. Schreiben Sie in diesem Sinne „Morgen“ an die zentrale Stelle des Blattes.

Sollten Unklarheiten bestehen, wie etwas zu tun ist, können Sie diese mittels der *Selbstbefragung* für sich klären. Eine *Selbstbefragung* zum Thema Autoreparatur kann beispielsweise folgende Form haben:

Was ist das Problem mit dem Auto?
Die Bremsen schleifen.
Wie gehe ich damit um?
Zur Werkstatt bringen.
Zu welcher?
Philip fragen.

Durch die *Selbstbefragung* ist Ihnen bewusst geworden, dass es ansteht das Auto zur Werkstatt zu bringen, und dass Sie am besten Philip fragen, welche Werkstatt sich dafür eignet. Verfahren Sie auf diese Weise mit den Dingen, werden Sie die Erfahrung machen, wie leicht die Dinge geschehen, wenn man sich zuvor bewusst gemacht hat, was und wie etwas zu tun ist.

ÜBUNG 3
VERARBEITUNG VON UNANGENEHMEN ERFAHRUNGEN

Es gibt Erfahrungen in unserem Leben, die so unangenehm sind, dass wir möglichst nichts mit ihnen zu tun haben wollen. Das ist der Grund, warum wir sie gerne verdrängen; das ist aber auch der Grund, warum sie weiterhin existieren. Solange wir sie verdrängen, können sie nicht verarbeitet werden, und solange sie nicht verarbeitet sind, können wir sie nicht hinter uns lassen.

Unverarbeitete unangenehme Erfahrungen begleiten uns in unserem Leben und bestimmen uns in unserem Verhalten, weil wir uns unbewusst gezwungen sehen, Situationen, die zu ähnlichen Erfahrungen führen könnten, fortan aus dem Weg zu gehen.
Unverarbeitete unangenehme Erfahrungen in der Vergangenheit erzeugen Ängste in der Gegenwart: Die Angst eine ähnliche Erfahrung noch einmal machen zu müssen.

Um diese unangenehmen prägenden Erfahrungen vollständig hinter sich lassen zu können, müssen sie verarbeitet werden. Verarbeitung findet grundsätzlich innerhalb der Bewusstseinssphäre statt, d.h. wir sollten diese Erfahrungen in unser Bewusstsein heben, auch wenn dies zunächst als unangenehm erscheint. Abgesehen von traumatischen Erfahrungen ist es nicht schwer, sich seiner unangenehmen Erfahrungen zu erinnern, denn sie begleiten uns ständig. Man muss ihnen lediglich Raum geben, um sie wahrzunehmen.
Sich an unangenehme Erfahrungen zu erinnern ist zum einen unangenehm, zum anderen ist es eine Wohltat, denn

nur innerhalb des Bewusstseins besteht die Möglichkeit der Verarbeitung und damit der Befreiung von ihrer Last. Dieser Verarbeitungsprozess kann auf eine aktive, bewusste Weise durchgeführt werden.

> *Anmerkung:* Die im Folgenden beschriebenen Übungen beziehen sich auf den alltäglichen Kontext und nicht auf schwerwiegende traumatische Erfahrungen, die eine therapeutische Unterstützung erfordern.

Nehmen Sie einen Stift und ein Blatt zur Hand und schreiben Sie „unangenehme Erfahrungen“ an eine zentrale Stelle des Blattes. Dann notieren Sie in Form von Stichworten alle unangenehmen Erfahrungen, die Ihnen bewusst werden, um den Mittelpunkt herum und verbinden sie diese durch Linien mit den im Zentrum stehenden Worten.

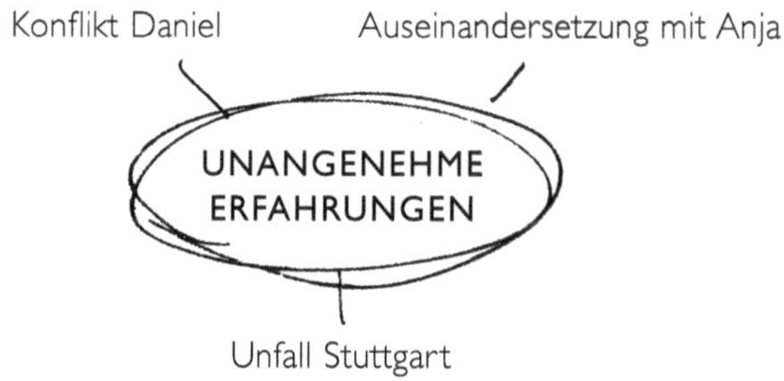

Durch das bewusste sich Erinnern werden die tendenziell verdrängten unangenehmen Erfahrungen ins Bewusstsein gehoben. Durch die Konfrontation mit den Erfahrungen finden bereits subtile Verarbeitungsprozesse statt, sodass diese an negativer Kraft verlieren. Die Erfahrungen, die weiterhin als unangenehm empfunden werden, bedürfen zusätzlicher Aufmerksamkeit: Die Situation *(Problem-Situation),* auf die sich die jeweilige unangenehme Erfahrung bezieht, muss tiefgreifender in ihren Zusammenhängen durchschaut werden, damit die Erfahrung voll und ganz verarbeitet werden kann.

Dazu verfahren Sie nach dem Prinzip der *Selbstbefragung:* Stellen Sie sich schriftlich Fragen zur *Problem-Situation.* Sie werden auch hier die Erfahrung machen, dass Ihnen die entsprechenden Antworten *intuitiv* bewusst sind. Haben Sie auf diese Weise Ihre Fragen zur *Problem-Situation* geklärt und diese so in ihren Zusammenhängen tiefgreifender verstanden, schließt die Übung wieder mit der Frage ab, wie mit ihr umzugehen ist. In den meisten Fällen reicht es aus, die *Problem-Situation* in ihren Zusammenhängen zu verstehen, um die unangenehme Erfahrung für sich zu verarbeiten. In anderen Fällen gibt es aktiv etwas zu tun, um die Dinge für sich ins Reine zu bringen: Was auch immer es sein mag, finden Sie es für sich heraus, indem Sie sich selbst danach befragen, Ihr *Unterbewusstsein* wird Ihnen bereitwillig Auskunft geben.

Anmerkung: Es lohnt sich auch die „Altlasten“, d.h. die unangenehmen Erfahrungen, die uns schon seit langer Zeit begleiten, konkret anzugehen.
Indem man seinen Fokus regelmäßig auf die Verarbeitung unangenehmer Erfahrungen richtet, hat man die Möglichkeit schrittweise mit seiner Vergangenheit ‚aufzuräumen‘, sodass es mehr und mehr nur noch darum geht, das neu Hinzukommende zu verarbeiten. Dies wird Ihnen nicht schwer fallen, denn mit unserem Bewusstsein verhält es sich wie mit einem Zimmer: Ein einmal aufgeräumtes Zimmer ist leicht in Ordnung zu halten.

ÜBUNG 4

UMGANG MIT SORGEN

Es lässt sich scheinbar nicht vermeiden, dass man gelegentlich mit Sorgen konfrontiert wird: Seien es finanzielle Sorgen, die Sorge bezüglich der Beziehung, der Gesundheit, der neuen Arbeitssituation oder Ähnlichem. Sorgen rauben uns unsere Lebensqualität, denn sie sind unterschwellig stets präsent und absorbieren unsere Aufmerksamkeit. Tendenziell fühlen wir uns ihnen machtlos ausgeliefert, denn würden wir uns in der Lage sehen sie los zu werden, hätten wir es bereits getan. Doch so machtlos sind wir gar nicht: Es besteht die Möglichkeit, sich von ihrer Last vollkommen zu befreien.

Der erste Schritt besteht darin, sich seiner Sorgen bewusst zu werden.
Nehmen Sie hierfür wieder Stift und ein Blatt zur Hand und schreiben Sie „Sorgen“ an eine zentrale Stelle des Blattes. Dann werden Sie sich Ihrer etwaigen Sorgen bewusst, die Sie unterschwellig belasten (sollten Sie momentan keine haben, besteht der Wert der Übung darin, sich dessen bewusst zu sein). Finden Sie für jede Sorge ein Stichwort und platzieren Sie es um den Mittelpunkt herum. Verbinden Sie dabei das jeweilige Stichwort mit dem Mittelpunkt durch eine Linie.

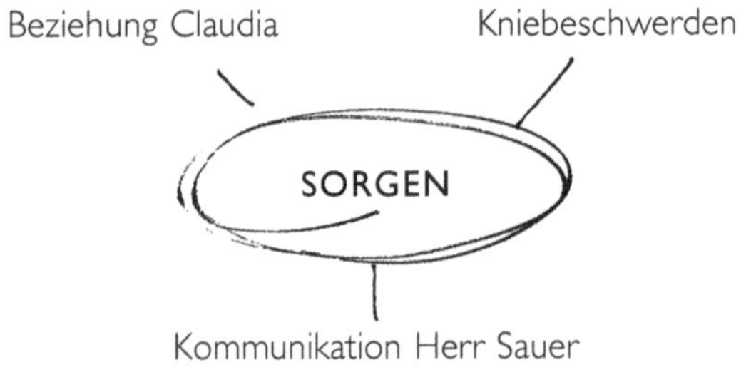

Nachdem wir uns auf diese Weise unserer Sorgen bewusst geworden sind, gilt es nun die Klarheit zu erlangen, wie mit der jeweiligen *Sorgen-Situation* umzugehen ist.
Auch hierzu können wir die *Selbstbefragung* für uns nutzen, indem wir uns schriftlich Fragen zu der jeweiligen *Sorgen-Situation* stellen und uns diese selbst beantworten.
Angenommen Sie haben sich das Knie angeschlagen und machen sich diesbezüglich Sorgen, kann eine *Selbstbefragung* folgende Form haben:

> **Worüber mache ich mir Sorgen?**
> *Über mein Knie.*
> **Was ist mit meinem Knie los?**
> *Die Schmerzen lassen nicht nach.*
> **Wie kann ich mit der Situation umgehen?**
> *Termin beim Orthopäden vereinbaren.*

Durch die *Selbstbefragung* ist Ihnen bewusst geworden, dass es ansteht einen Termin beim Orthopäden zu vereinbaren (anstatt sich weiterhin Sorgen zu machen). Dadurch haben Sie zu einem konstruktiven Umgang mit der Situation gefunden und das Gefühl der Sorge wird in den Hintergrund treten.

Führen wir zu jedem Stichwort eine kurze *Selbstbefragung* durch, ist es möglich, zu einem konstruktiven Umgang mit der jeweiligen *Sorgen-Situation* zu finden. In dem Moment, in dem wir zu einem konstruktiven Umgang mit der *Sorgen-Situation* finden, tritt die ursprüngliche Sorge in den Hintergrund oder verflüchtigt sich vollständig. So wie die Passivität durch die Aktivität abgelöst wird, wird das Sich-Sorgen-machen durch den konstruktiven Umgang mit der *Sorgen-Situation* ‚abgelöst'.

Anmerkung: Es gilt zu erwähnen, dass nicht jeder konstruktive Umgang mit einer *Sorgen-Situation* „aktives Handeln“ bedeutet. In manchen Situationen bedeutet der konstruktive Umgang, dass man die Dinge bewusst so akzeptiert, wie sie sind und gemäß ihrer Natur geschehen lässt.

Wie mit der jeweiligen *Sorgen-Situation* umzugehen ist, ist nicht davon abhängig, wie wir es gerne hätten, sondern wird durch die Situation selbst bestimmt. Mittels der *Selbstbefragung* ist es möglich, sich des erforderlichen Umgangs bewusst zu werde.

ÜBUNG 5
WER BIN ICH?

In dieser Übung geht es um die Frage, welche Qualitäten wir in unserem Leben leben wollen und um die Möglichkeit, diese Qualitäten tatsächlich zu leben. Die Übung basiert auf der Einsicht, dass es im Wesentlichen unsere Gedanken sind, die sich in unserer Körperhaltung, in unserer Ausstrahlung und unserem Verhalten zeigen.
Unsere Körperhaltung, Ausstrahlung und unser Verhalten bestimmen, wie uns unsere Mitmenschen wahrnehmen und es ist wiederum die Wahrnehmung unserer Mitmenschen, die bestimmt, welche Rolle sie uns in der Gesellschaft spielen lassen.

All dies hat zu einem großen Teil seinen Ursprung in unseren Gedanken. Denken wir schlecht über uns, so gehen die Schultern nach vorne, wir nehmen eine gekrümmte Haltung ein. Die Energie, die wir ausstrahlen, nimmt ab oder nimmt eine eigenartige Qualität an. Die Haut wird matt, die Stimme verliert ihre Fröhlichkeit.

In unserem täglichen Leben wird die fundamentale Kraft unserer Gedanken zumeist unterschätzt. Gewöhnlich nehmen wir unsere Gedanken als Reaktion auf äußere Ereignisse und Gegebenheiten wahr. So gesehen sind wir Opfer der uns umgebenden Umstände. Dass wir unabhängig davon, was gerade geschieht, unser Denken gestalten und somit unseren Daseinszustand bestimmen können, ist noch nicht wirklich ins allgemeine Bewusstsein vorgedrungen.

In den vorherigen Übungen ging es darum, uns von der Last unangenehmer Gedanken und Gefühle zu befreien. Nun wollen wir uns mit positiven Gedanken und Gefühlen füllen, sodass sie in Bezug auf unseren Körper und die uns umgebende Außenwelt Form und Gestalt annehmen.

Auch hierfür nehmen wir uns ein Blatt und einen Stift zur Hand. Wir schreiben als Überschrift: „WER BIN ICH?“ (diese Frage ist nicht im spirituellen oder philosophischen Sinne gemeint, sondern bezieht sich auf die Person, als die wir in diesem Lebensspiel erscheinen). Nun schreiben wir an eine zentrale Stelle des Blattes: „Ich bin der,...“ oder „Ich bin die,...“. Dann vervollständigen wir den Satz, indem wir als kurze Satzfragmente um diesen Mittelpunkt herum all das notieren, was uns als wünschenswert erscheint. Wir verbinden diese Fragmente durch Linien mit den im Zentrum stehenden Worten.

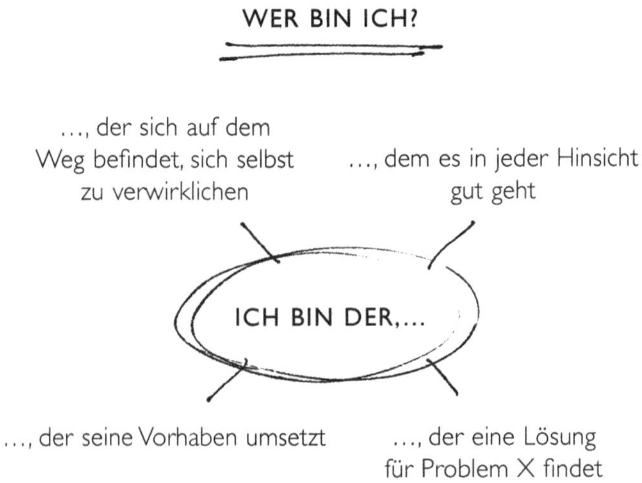

Anmerkung: Die Satzfragmente in der Grafik sind lediglich als Beispiele zu verstehen. Kreieren Sie bei Ihrer Übung Satzfragmente, die Ihren Wünschen und Vorstellungen entsprechen.
Es hat sich als wirkungsvoll erwiesen, anstatt der direkten Form „Ich bin ..." die etwas umständlicher wirkende Form „Ich bin der,..." oder „Ich bin die,..." zu verwenden, weil es so möglich ist, unabhängig von der momentanen Daseinsweise ein vollkommen neues Bild von sich zu entwerfen.

Seien Sie sich bewusst, dass das, was Sie schreiben, nur für Ihre Augen bestimmt ist. Zögern Sie also nicht, das aufzuschreiben, was Sie wirklich wollen. Beobachten Sie, wie Sie in dem Augenblick, in dem Sie sich bewusst machen, was Sie wollen, tatsächlich die Qualität in sich erzeugen, die Sie als erstrebenswert empfinden: Indem Sie sich bewusst werden, wer Sie sein wollen, werden Sie zu dem, der Sie sein wollen!

Jedes Mal, wenn Sie diese Übung machen, entwerfen Sie ein neues Bild von sich, indem Sie einfach aufschreiben, was Ihnen an inspirierenden Gedanken kommt. Es ist nicht notwendig, immer wieder das in der Vergangenheit Geschriebene zu wiederholen. Unsere Persönlichkeit ist komplex. Es geht darum, sich in seiner ganzen Komplexität zu entwickeln.

Anmerkung: „Entwickeln" darf hier ruhig wörtlich verstanden werden: Wickeln Sie aus, was in Ihnen bereits existiert: Ent–wickeln Sie sich!

ÜBUNG 6
AUSRICHTUNG AUF DAS WESENTLICHE

Steht Ihnen heute Ihre Hochzeit bevor, wäre es absolut kontraproduktiv, sich bei dem Versuch den Toaster zu reparieren dermaßen zu verzetteln, dass Sie nicht mehr die Zeit haben sich entsprechend anzukleiden.
Bei der nun folgenden Übung geht es darum uns bewusst zu machen, was uns für den heutigen Tag besonders wichtig ist. Dies bezieht sich nicht nur auf Dinge, die getan werden sollen, sondern auch auf Haltungen, aus denen heraus wir unseren Tag gestalten.
Machen wir uns klar, was uns für den heutigen Tag besonders wichtig ist, werden wir uns in unserer Haltung und Handlung bewusst und unbewusst entsprechend ausrichten.

Nehmen Sie hierfür Stift und Blatt zur Hand und schreiben Sie „Ausrichtung“ in die Mitte (oder an eine zentrale Stelle) des Blattes. Dann positionieren Sie alles, was Ihnen für den heutigen Tag besonders wichtig erscheint, in Form von Stichworten um den Mittelpunkt herum. Verbinden Sie diese jeweils durch eine Linie mit dem im Mittelpunkt stehenden Begriff „Ausrichtung“.

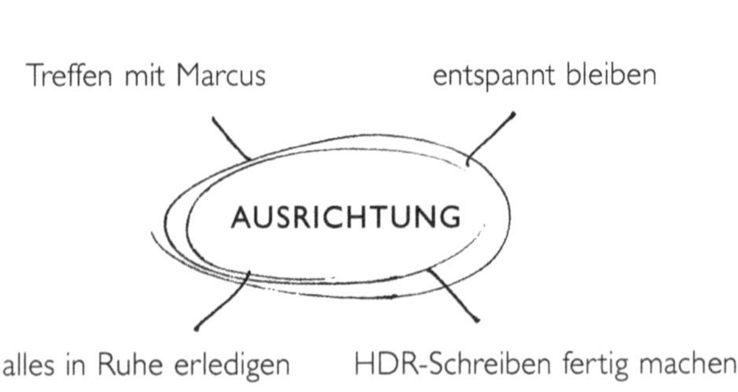

Anmerkung: Wenn Sie diese Übung abends durchführen, dann bezieht sie sich auf den folgenden Tag.

Das Bewusstmachen dessen, was uns für den Tag besonders wichtig ist und die damit einhergehende bewusste und unbewusste Ausrichtung erleichtert uns seine Verwirklichung!

ÜBUNG 7
ENTWICKLUNG DER ZUKUNFT

Diese Übung basiert auf der Tatsache, dass das Bewusstsein darüber, wohin man will, die Wahrscheinlichkeit erhöht da auch hinzukommen, wohin man will. Dies gilt nicht nur für äußere Reiseziele, sondern auch für Qualitäten, die man in der Zukunft leben will.
Die folgende Übung unterstützt uns darin, uns bewusst zu werden, welche Qualitäten wir in Zukunft leben wollen:

Nehmen Sie sich hierfür wieder Stift und Blatt zur Hand und schreiben Sie den Fragesatz „In welche Zukunft möchte ich mich hinein entwickeln?" an eine zentrale Stelle des Blattes. Um es abzukürzen können Sie auch einfach „Zukunft" schreiben. Nun seien Sie so frei und werden Sie sich all der Qualitäten bewusst, die Sie gern in Zukunft leben wollen. Platzieren Sie diese Qualitäten in Form von Stichworten um den Mittelpunkt herum und verbinden Sie sie durch Linien.

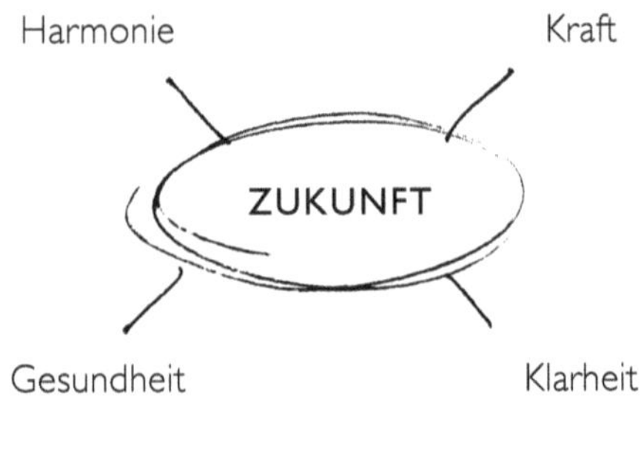

Anmerkung: Die Grafik ist wieder lediglich als Beispiel zu verstehen. Finden Sie Ihre eigenen Stichworte gemäß der Qualitäten, die Sie in Zukunft leben wollen.

Es geht bei dieser Übung ganz bewusst um Qualitäten, die wir leben wollen und nicht so sehr um konkrete Dinge, die wir erreichen wollen.
Dies deshalb, weil durch das Bewusstwerden der Qualitäten, die wir in Zukunft leben wollen, wir diese für den gegenwärtigen Moment erzeugen. Die Qualitäten, die wir im gegenwärtigen Moment erzeugen können, werden uns nicht schwer fallen in Zukunft konsequent zu leben!

Seien Sie sich darüber im Klaren, dass Sie an unterschiedlichen Tagen von unterschiedlichen Qualitäten angezogen werden. Das ist ganz natürlich. Bringen Sie immer das zum Ausdruck, was momentan präsent ist, ganz unabhängig davon, was für Qualitäten Sie die vorigen Male auf das Blatt gebracht haben.

Das Leben ist komplex und unsere Persönlichkeit ist es ebenfalls. Es geht darum sich in seiner ganzen Komplexität zu entwickeln!

ÜBUNG 8
DANKBARKEIT

Auch wenn wir von vielen positiven Dingen in unserem Leben umgeben sind, werden wir diese nicht zu schätzen wissen, solange wir uns ihrer nicht wirklich bewusst sind. Eine kraftvolle Weise, das eigene Leben mehr zu würdigen, besteht darin sich bewusst zu machen, was einen an Positivem durchdringt und umgibt und es dankbar wertzuschätzen.

Eine Möglichkeit dies zu tun besteht darin, Stift und Blatt zur Hand zu nehmen und „Dankbarkeit“ an eine zentrale Stelle des Blattes zu schreiben. Dann seien Sie so frei und werden sich all dessen bewusst, was Sie dankbar wertschätzen wollen und positionieren es in Form von Stichworten um diesen Mittelpunkt herum. Verbinden Sie die einzelnen Stichworte durch Linien mit dem im Mittelpunkt stehenden „Dankbarkeit“.

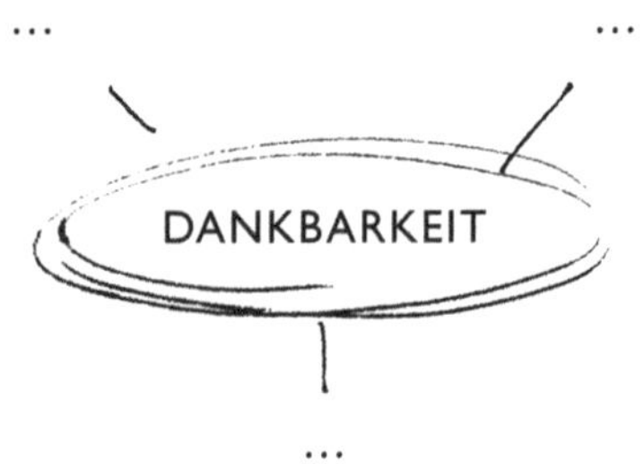

Indem wir die positiven Dinge anerkennen und dankbar wertschätzen, werden sie zu einer wirklichen Bereicherung in unserem Leben.

Diese Übung hat eine gesunde, aufhellende Wirkung auf unser Bewusstsein: Durch das Bewusstmachen und Wertschätzen des Positiven in unserem Leben positivieren wir unser eigenes Bewusstsein! Schauen wir mit einem positiven Bewusstsein in die Welt hinein, begegnet uns das Leben positiv :-)

Das waren die *Acht Übungen für das tägliche Leben.* Die ersten vier Übungen bewirken eine tiefgreifende Klärung des eigenen Bewusstseins hinsichtlich seiner etwaigen Eintrübungen. Die Übungen 5, 6, 7 und 8 helfen uns, uns in unserem Denken und Fühlen so auszurichten, dass wir kraftvoll unser tägliches Leben gestalten und positiv in die Welt hineinwirken können! Gemeinsam mit dem Grundprinzip der *Selbstbefragung* stellen die *Acht Übungen für das tägliche Leben* ein wertvolles Werkzeug dar, den Herausforderungen des täglichen Lebens zu begegnen und geben uns die Möglichkeit an die Hand, das eigene Leben von innen heraus vollkommen neu zu gestalten!

NACHWORT

Dass *Glücklichsein* unser natürlicher Zustand ist, der zutage tritt, sobald unser Bewusstsein nicht durch Formen des Leidens eingetrübt ist, ist uralte Erkenntnis und entspricht dem Wesenskern der östlichen und westlichen Spiritualität.

Die Unterscheidung zwischen *situativen* und *latenten Gefühlen*, die Technik der *Selbstbefragung* im *aktiven Umgang mit unangenehmen Gefühlen* sowie die *‚Acht Übungen für das tägliche Leben'* haben hingegen erst durch meine Person konkrete Form angenommen. Sie stellen in diesem Sinne ein neues Wissen dar und sind gemäß meiner Erfahrung von einem nicht zu unterschätzenden Wert für die tägliche Lebensbewältigung in der modernen Welt!

Obwohl es sich hier um ein kleines Buch handelt, haben die Sätze ihre Zeit gebraucht, bis sie zu ihrem Punkt gefunden haben.
Es lohnt sich dieses Handbuch wiederholt zur Hand zu nehmen, bis man seinen Inhalt vollkommen verinnerlicht hat. Durch die Verinnerlichung und praktische Anwendung des hier Gesagten besteht die Möglichkeit, das eigene Leben von innen heraus vollkommen neu zu gestalten!

Bei Fragen oder Anregungen freue ich mich
über Ihren Besuch auf meiner Homepage:
www.nicolas-alschibaja.de

BEGRIFFSKLÄRUNG

Glücklichsein ist das, was zum Vorschein kommt, sobald unser Bewusstsein nicht durch Formen des Leidens eingetrübt ist.

Latente Gefühle sind anhaltende Gefühle, die uns unterschwellig begleiten und uns in unserer Stimmung beeinflussen. *Latente unangenehme Gefühle* werden durch *Problem-Situationen* ausgelöst, und haben die Funktion uns auf eben diese hinzuweisen, auf dass wir die Möglichkeit haben, angemessen mit ihnen umzugehen.

Problem-Situationen sind alle Situationen, die uns auf irgendeine Weise belasten.

Selbstbefragung ist eine Technik im Umgang mit unangenehmen Gefühlen. Sie funktioniert indem man sich selbst schriftlich Fragen bezüglich der zugrunde liegenden *Problem-Situation* stellt und die Erfahrung macht, dass man sich der jeweiligen Antwort intuitiv bewusst ist.

Situative Gefühle sind die unmittelbare gefühlte Resonanz auf das, was wir im jeweiligen Moment erleben. Da sich unser Erleben von Moment zu Moment verändert, verändert sich das *situative Gefühl* mit ihm. Es ist in diesem Sinne von flüchtiger Natur.

Unterbewusstsein ist u.a. der Sitz all der tiefer liegenden Einsichten, deren wir uns nicht direkt bewusst sind. Durch die *Selbstbefragung* ist es möglich, sich dieser Einsichten bewusst zu werden.